"Pages actuelles"
1914-1915

La Chimie meurtrière des Allemands

PAR

FRANCIS MARRE

Chimiste-Expert près la Cour d'Appel de Paris
et les Tribunaux de la Seine,
Chroniqueur scientifique du *Correspondant*.

BLOUD ET GAY, ÉDITEURS

7, Place Saint-Sulpice, PARIS

1915

La bonne foi allemande... la candeur allemande... l'honnêteté allemande... la générosité allemande... la loyauté allemande... la kultur allemande...; pendant de longues années, nos oreilles furent rebattues de ces billevesées.

Naïvement, nous avons cru qu'elles correspondaient à des vérités démontrées, presque à des vérités expérimentales, et si chacun de nous veut faire, en toute sincérité, son examen de conscience, il avouera qu'à la veille du jour terrible où la guerre a éclaté, il considérait les Boches comme des gens civilisés.

Depuis, nos ennemis ont trahi la foi jurée, violé leurs serments les plus solennels, incendié, assassiné, pillé, torturé; ils se sont, en un mot, conduits comme de *simples sauvages, et les plus nobles de leurs hobereaux n'ont pas rougi d'emplir leurs poches en passant dans les villes en flammes.*

Butin de guerre... rigueurs inévitables de la guerre ; Krieg ist Krieg... *La Force prime le Droit...* Macht geht vor Recht...

Nous règlerons en bloc tous ces comptes, après la victoire, et puisque les Allemands nous font une guerre de bêtes fauves, nous leur imposerons la seule paix qu'ils méritent, en les mettant pour un siècle, au moins, hors d'état de nuire.

Mais, en attendant, il n'est pas mauvais de dresser, au jour le jour, le bilan véridique de leurs crimes. Les rapports des enquêteurs officiels ont permis aux Alliés de rédiger déjà le plus formidable des réquisitoires. Voici quelques précisions qu'il y faut ajouter.

C'est l'exposé sincère de quelques-uns des « moyens de guerre » auxquels l'armée allemande a journellement recours, et dont le Droit des gens interdit de se servir.

La balle, l'obus et la baïonnette font d'atroces blessures. Les vies humaines ne comptent pas, durant les heures tragiques que nous vivons. Pour le soldat qui combat, tuer est un devoir sacré. C'est exact.

Mais il est, pour tuer, des méthodes cruelles que les peuples s'étaient solennellement engagés à ne pas employer, et, au nombre des signatures qui figurent au bas du traité par lequel cette décision fut prise, on peut lire celle d'un nommé Guillaume II, pour quelque temps encore empereur d'Allemagne.

F. M.

LA CHIMIE MEURTRIÈRE DES ALLEMANDS (1)

Dans une brochure récemment publiée à Leipzig sous ce titre : *Les dix commandements de fer du soldat allemand*, un certain Joachim von der Goltz, fils du maréchal bien connu, et officier boche lui-même, a écrit, entre autres choses aimables, ce qui suit : « Il n'y a pas de place pour la pitié dans le cœur du soldat allemand... Le soldat allemand doit être dur... Soyez terriblement impitoyables, soldats allemands... Mieux vaut laisser mourir de faim et de misère cent femmes et cent enfants ennemis que laisser souffrir, même un instant, un soldat allemand... »

Ce doux Joachim est évidemment un disciple de Nietszche qui proclamait : « L'humanité a besoin de guerres épouvantables,

(1) Cette étude a été publiée, sous une forme plus réduite, dans *le Correspondant* du 10 juin 1915.

atroces, d'un retour violent à la barbarie; c'est pour elle une nécessité psychologique. On ne doit pas hésiter à infliger aux pays conquis les plus terribles souffrances parce que, plus il souffrira, plus tôt la pression disparaîtra... « En tous cas, il fut certainement formé à l'école de son père, le doux maréchal von der Goltz, au dire duquel « ... les engins les plus meurtriers sont les plus humains... », et à celle du général von Bernhardi, dont il faut connaître la manière un peu spéciale de comprendre l'honneur militaire : «... La guerre est la guerre, a-t-il affirmé, et la guerre doit être conduite sans merci... La France doit être écrasée d'une façon si complète que, jamais plus, nous ne la retrouverons sur notre chemin... Il faut violer délibérément les traités et les conventions, s'il est utile de le faire : la guerre est la guerre ! *Krieg ist Krieg !* »

*
* *

Cependant, le 18 octobre 1907, l'Allemagne a apposé sa signature au bas du texte annexé à la quatrième Convention de La Haye, et ce texte, qui réglemente les lois et coutumes de la guerre sur terre, est conçu en termes aussi explicites que formels :

...Art. 22. — Les belligérants n'ont pas un droit illimité quant au choix des moyens de nuire à l'ennemi.

Art. 23. — Outre les prohibitions établies par des conventions spéciales, il est notamment interdit :

a) D'employer du poison ou des armes empoisonnées ;

e) D'employer des armes, des projectiles ou des matières propres à causer des maux superflus ;

f) ... De détruire ou de saisir les propriétés ennemies, sauf les cas où ces destructions ou ces saisies seraient impérieusement commandées par les nécessités de la guerre.

...Art. 43. — Aucune peine collective, pécuniaire ou autre, ne pourra être édictée contre les populations, à raison de faits individuels, dont elles ne pourraient être considérées comme solidairement responsables.

D'autre part, la déclaration de La Haye, en date du 29 juillet 1899, a interdit aux Puissances contractantes, parmi lesquelles figurait l'Allemagne, l'emploi de projectiles qui ont pour but unique de répandre des gaz asphyxiants ou délétères.

Mais, tandis que les diplomates de Berlin considèrent les traités comme des chiffons de papier sans valeur, les généraux du kaiser Guillaume se conduisent comme de simples bandits, aux yeux desquels la violence, le pillage et le meurtre sont des gentillesses permises dès le jour de l'entrée en campagne. Quant aux savants du pacifique Empire germanique, ils ont fourni à l'armée de leur Maître les moyens de destruction les plus barbares et les plus cruels.

LES PRODUITS INCENDIAIRES

Aussitôt que la Belgique eût refusé de se déshonorer en permettant aux troupes allemandes de violer sa neutralité et de traverser son territoire pour aller envahir le nord de la France, les représailles commencèrent contre elle. A Visé, à Andenne, à Aerschoot, à Dinant, à Louvain, l'incendie fit rage, pour effacer les traces de la dévastation systématique et des orgies sanguinaires les plus révoltantes. Plus tard un certain nombre de villes et villages français eurent à subir le même sort.

Partout, l'armée des envahisseurs procéda de même, avec un ordre et une méthode qui témoignent d'une préparation minutieusement étudiée de longue date dans tous ses détails. Partout, les sections d'incendiaires exécutèrent un plan concerté d'avance, pour mener à bien leur sinistre besogne.

*
* *

Pulvérisateurs à pétrole et à benzine.

D'abord des hommes, portant sur le dos

Fig. 1. — *L'appareil incendiaire portatif des Boches.*

Un récipient métallique porté à dos d'homme contient le mélange de benzine et de ligroïne; une pompe, dont le levier est actionné par la main gauche du porteur, comprime l'air du récipient et chasse le mélange incendiaire à travers le tuyau porte-jet. Celui-ci se termine par un orifice de faible diamètre muni d'un dispositif dispersant le liquide en éventail.

des pulvérisateurs du genre de ceux dont

on se sert pour les traitements anticryptogamiques de la vigne, pénétraient dans les maisons à détruire et en arrosaient toutes les pièces d'un mélange de benzine et d'essence de pétrole; derrière eux, une pompe automobile inondait de pétrole lampant les façades et les toits.

* * *

Pastilles de thermit.

Cela fait, des gradés disposaient de place en place, sur le plancher des chambres et sur le rebord intérieur des fenêtres, de petites pastilles noirâtres, affectant la forme de disques percés en leur centre d'un trou circulaire, et dont ils portaient des chapelets dans leurs cartouchières. Ces pastilles étaient faites du produit bien connu dans l'industrie, que le docteur Hans Goldschmidt, d'Essen, a fait breveter sous le nom de « thermit ».

La préparation du thermit repose sur ce fait d'ordre général qu'un mélange essentiellement composé d'une combinaison métallique oxygénée à laquelle est ajouté de l'aluminium pulvérulent, mis en ignition sur un point de sa masse, continue à brûler lui-même sans avoir besoin de l'oxygène de l'air pour entretenir sa combustion, et développe en brûlant les plus hautes températures actuellement connues, températures de tous points comparables à celles que l'on obtient par le four électrique. Le produit fabriqué par Golds-

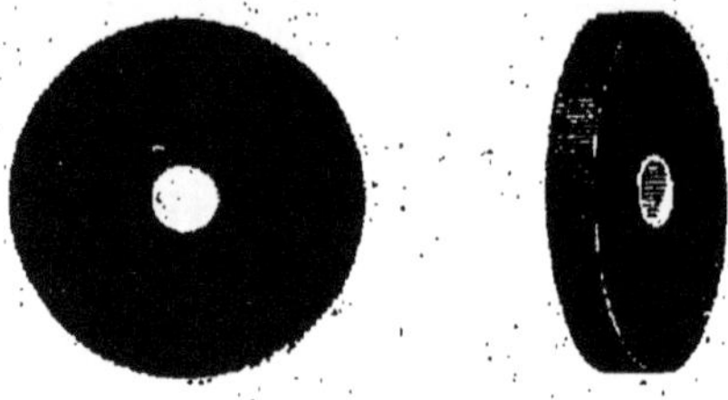

FIG. 2. — *Les pastilles incendiaires des Boches (1/2 grandeur naturelle).*

Elles ont la forme d'un disque plat de 2 centimètres environ de diamètre, épais de 3 millimètres, et sont percées, dans leur centre, d'un trou circulaire qui permet de les enfiler en chapelet.

chmidt est un mélange intime d'oxyde de fer et d'aluminium réduit en poudre fine ; quand on l'enflamme au moyen d'une simple allumette, il fournit, au bout de quelques secondes, une température de 3.000 degrés, capable de fondre le fer sans aucune difficulté.

Pour rendre l'allumage plus facile, les pastilles incendiaires de l'armée allemande sont additionnées d'un peu de peroxyde de baryum, c'est-à-dire d'un oxyde métallique très instable : mais, en tout état de cause, la flamme produite par la combustion du pétrole ou de la benzine suffit largement à les allumer.

Le thermit a des applications industrielles nombreuses et très intéressantes. D'abord, il sert à la préparation des métaux réfractaires purs (chrome, manganèse, tungstène, titane, bore, vanadium) ou de leurs alliages avec le fer (ferro-chrome, ferro-titane, ferro-bore, ferro-vanadium) : les uns et les autres sont obtenus exempts de carbone et dans un état parfait de pureté chimique. D'autre part, il est couramment employé au soudage des métaux et particulièrement du fer : grâce à lui, on peut très facilement joindre de façon intime deux pièces du même métal, deux rails ou deux tuyaux par exemple, ou encore réparer des pièces métalliques usées et avariées par suite d'accident. C'est ainsi qu'il donne la possibilité de remettre à neuf, sur place, des rails usés, des dents de pignon détériorées, des plaques de blindage défectueuses. Dans le premier cas, il intervient uniquement comme agent de chauffage ; dans le second, il fournit le métal pur qu'on veut couler, et l'amène à la température nécessaire pour sa fusion.

En raison des chaleurs extrêmes que le thermit développe en brûlant, il était logique qu'il s'imposât à l'attention de l'état-major allemand et fût employé par lui comme agent incendiaire. Le feu communiqué est, en effet, d'une extinction difficile et, de plus, les pièces métalliques avec lesquelles il est en contact sont presque instantanément chauffées, de telle sorte qu'elles fondent ou, tout au moins, se dilatent brusquement : dans les deux cas, il s'ensuit des ruptures brusques d'équilibre dans les constructions qui les contiennent et dont la solidité se trouve ainsi grandement compromise.

*
* *

Bombes incendiaires.

Nos ennemis se servent également du thermit pour charger leurs obus incendiaires et les bombes que leurs zeppelins s'efforcent de lancer sur les villes ouvertes, les habitations privées, les écoles, les hôpitaux, les ambulances ou les églises. Quelques-unes de ces bombes lancées sur Paris ont été recueillies intactes : il a été, dès lors, possible de les examiner avec soin, d'étudier leur construction dans tous ses détails et d'analyser leur contenu. Elles se composent d'un cylindre central

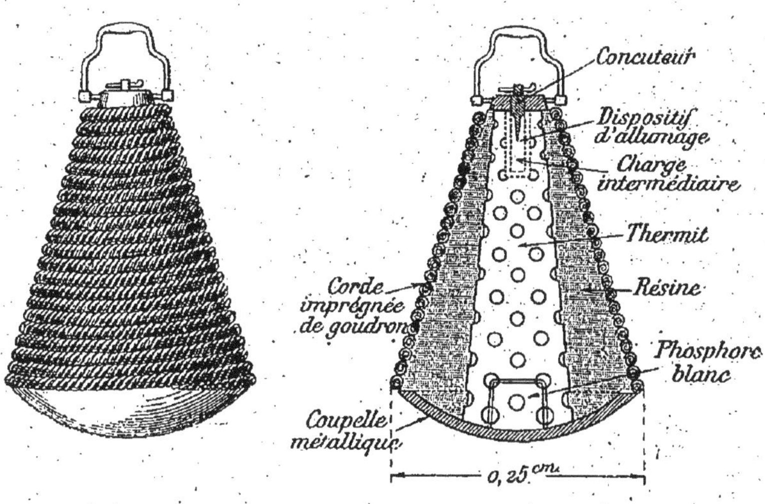

Fig. 3. — *Bombes incendiaires des Boches.*

Elles ont, extérieurement, l'aspect d'une sorte de tronc de cône enroulé d'une corde goudronnée et sont terminées, à la partie supérieure, par une poignée. A la partie inférieure, la bombe comporte une sorte de coupelle métallique qui sert de soutien à l'ensemble.

Fig. 3 *bis.* — *Coupe d'une bombe incendiaire boche.*

Au centre, un cylindre entouré de résine et rempli de thermit, auquel le feu est mis par une amorce qu'un concuteur fait déflagrer et qui enflamme une charge intermédiaire. A la partie inférieure, sur une coupelle métallique, un bloc de phosphore blanc. A la périphérie, un enroulement de corde goudronnée.

rempli d'oxyde de fer et de poudre d'aluminium, avec une petite quantité d'oxyde de cuivre ou de bioxyde de manganèse, c'est-à-dire de produits cédant leur oxygène avec facilité. Le mélange est enflammé par une charge intermédiaire composée d'aluminium et de bioxyde de baryum, mélange dont la mise de feu est assurée par une amorce à percussion. Quand la réaction des substances contenues dans le cylindre central est commencée sur un point, elle se propage presque instantanément à toute la masse : l'aluminium se combine à l'oxygène de l'oxyde de fer, pour former de l'alumine, avec libération de fer liquéfié. Le cylindre de thermit est placé dans une boîte tronconique en tôle perforée, qui est remplie de matières résineuses très inflammables et enroulée d'une corde imprégnée de goudron. Au fond de la boîte de tôle, se trouve un récipient empli de phosphore blanc qui, sous l'action de la chaleur dégagée, entre en fusion et s'échappe par une ouverture de faible diamètre. L'ensemble constitue une machine dangereuse et douée d'un grand pouvoir incendiaire. Son inflammation est difficile à arrêter, en raison de la haute température du métal fondu. De plus, elle s'accompagne d'un dégagement intense de gaz et de vapeurs délétères, notamment en raison des fumées produites par la combustion du phosphore.

LES LIQUIDES ENFLAMMÉS

Tandis qu'ils emploient, en toutes circonstances, les artifices à base de thermit pour incendier les immeubles privés et les édifices publics, les Allemands n'hésitent pas non plus à recourir au jet de liquides enflammés pour repousser les troupes alliées et les forcer à se replier, en abandonnant leurs retranchements de première ligne.

*
* *

Un texte significatif.

C'est là une opération criminelle que la Convention de La Haye condamne en termes formels ; mais l'État-major boche ne s'embarrasse d'aucun scrupule, ainsi qu'en témoigne la note de service suivante (1) dont

(1) Il n'est pas sans intérêt de publier le texte de cette note de service, par laquelle il est établi sans

le texte a été trouvé sur un officier prisonnier.

11me ARMÉE — QUARTIER GÉNÉRAL

Note nº 39.

Saint-Quentin, 16 octobre 1914.

...« 4º *Projecteurs de flammes ou de liquides fumigènes.* — Ces moyens seront mis à la disposition des corps de troupe, suivant leurs besoins, et sur demande adressée au commandant en chef. Les corps recevront en même temps le personnel instruit qui est absolument indispensable à la manœuvre de ces engins ; ce personnel devra être renforcé par des pionniers des compagnies de campagne, choisis à cet effet et qui recevront l'instruction nécessaire.

« Les projecteurs de flamme sont employés par des pionniers dressés à cet effet ; ce sont des appareils semblables à

contestation possible qu'au début de la campagne, les Boches disposaient d'un matériel spécial et d'un personnel instruit, destinés l'un et l'autre à arroser nos troupes de liquides enflammés. Ils avaient donc prémédité de violer, sur ce point, comme sur bien d'autres, la Convention de La Haye de 1907, aux prescriptions impérieuses de laquelle ils s'étaient cependant engagés solennellement à obéir.

un extincteur portatif d'incendie et qui projettent un liquide s'enflammant immédiatement, de façon spontanée. Les vagues de flammes ont une longueur et une largeur utiles de 20 mètres. Elles ont un effet mortel immédiat et elles repoussent l'ennemi à une grande distance, par suite de leur développement de chaleur.

« Comme elles brûlent pendant une durée de une minute et demie à deux minutes et comme on peut les interrompre à volonté, on recommande de ne donner que des jets de flammes isolés et courts, de manière à pouvoir combattre plusieurs objectifs avec une seule dose de remplissage. Les projecteurs de flammes seront employés principalement dans les combats de rues et de maisons ; ils seront tenus, prêts à être employés, dans la position d'où part l'assaut.

« *Le Chef d'escadron d'artillerie,*
« L. LINARD. »

* * *

Produits spontanément inflammables.

Pour le changement des appareils spéciaux dont parle la note qui vient d'être traduite, les Allemands ont à leur disposition plusieurs produits. Ils en emploient deux de préférence : l'hydrogène phosporé liquide et de la dimétylphosphine.

Le premier, découvert en 1845 par Thénard, est un liquide incolore, très réfringent, dense, insoluble dans l'eau, et qui s'enflamme dès qu'il arrive au contact de l'air. Ce n'est guère, en temps de paix, qu'un produit de laboratoire, de manipulation délicate, mais dont la préparation industrielle est cependant assez facile, et qu'avec quelques précautions il est possible d'obtenir aisément en grandes masses. Les chimistes allemands se sont attachés à fixer une technique simple pour sa fabrication ; mais il est bien certain que leurs recherches à ce point de vue étaient uniquement guidées par la volonté de donner aux soldats de leur Empereur un procédé de lutte déloyale, — un moyen de plus de se déshonorer.

On en peut dire autant de ceux qui ont étudié la diméthylphosphine, liquide plus léger que l'eau et spontanément inflammable au contact de l'air : seul, le désir de faire servir ce produit à des usages militaires a pu les déterminer à fixer les règles de sa préparation industrielle.

*
* *

Projecteurs de flammes.

A côté des appareils qui lancent des produits spontanément inflammables au contact de l'air, les Boches en ont d'autres

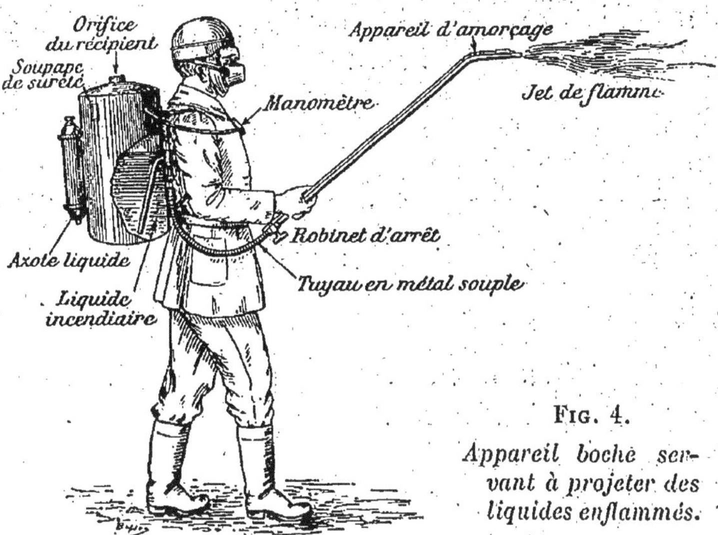

FIG. 4.
Appareil boche servant à projeter des liquides enflammés.

Un récipient métallique porté à dos d'homme contient, sous pression, le liquide incendiaire dans lequel vient plonger l'extrémité du tube de lancement. Celui-ci, qui est muni d'un robinet d'arrêt, se termine par un ajutage comportant un appareil d'amorçage au ferro-cerium.

à leur disposition qui, construits sur un principe analogue à celui du chalumeau des ferblantiers, leur permettent de projeter à vingt-cinq ou trente mètres en avant de leurs lignes des jets d'essence enflammée dégageant une chaleur considérable.

Enfin, dans certains cas, ils aspergent directement nos tranchées avec un mélange de benzol et de ligroïne, qu'un appareil d'amorçage au ferro-cerium allume à sa sortie du jet; parfois encore, après un arrosage suffisant, des grenades incendiaires assurent la mise de feu.

*
* *

Notre pompe à griller les Boches.

Quand, tout à fait au début de la campagne d'hiver, les nôtres furent, pour la première fois, arrosés de liquides enflammés qui leur firent d'atroces blessures, notre État-major réclama, à très juste titre, les moyens de rendre à l'ennemi coup sur coup. Une Commission fut alors nommée, qui se mit à l'œuvre, comme l'ont fait et le feront toujours toutes les Commissions..., avec une sage lenteur. Le 7 juin 1915, l'appareil et le produit préconisés par elle furent mis en service à Vaucquois (Communiqué officiel du 7 juin, 23 heures), et, désormais, la « pompe à griller les Boches », plus puissante, plus efficace que celle de nos ennemis, et de portée bien supérieure à la leur, fonctionne quand il est nécessaire.

LES LIQUIDES CORROSIFS

En même temps que des liquides enflammés, les Allemands lancent parfois sur nos troupes des liquides corrosifs. Des récipients en métal solide, intérieurement doublés de plomb, et à demi remplis d'acide sulfurique ou de soude caustique, sont mis en communication avec des bouteilles d'acide carbonique ou d'azote sous pression, et l'ouverture d'un robinet permet d'utiliser le gaz à projeter le liquide corrosif, par le moyen d'un ajutage qui l'étale en nappe meurtrière. Mais les appareils de ce type sont à la fois lourds, encombrants et d'un maniement difficile ; il semble qu'ils aient donné, à l'usage, plus de mécomptes que de résultats vraiment utiles. Aussi l'État-major boche a-t-il fait expérimenter des projectiles spéciaux, dont l'emploi est, du reste, loin de s'être révélé pleinement satisfaisant.

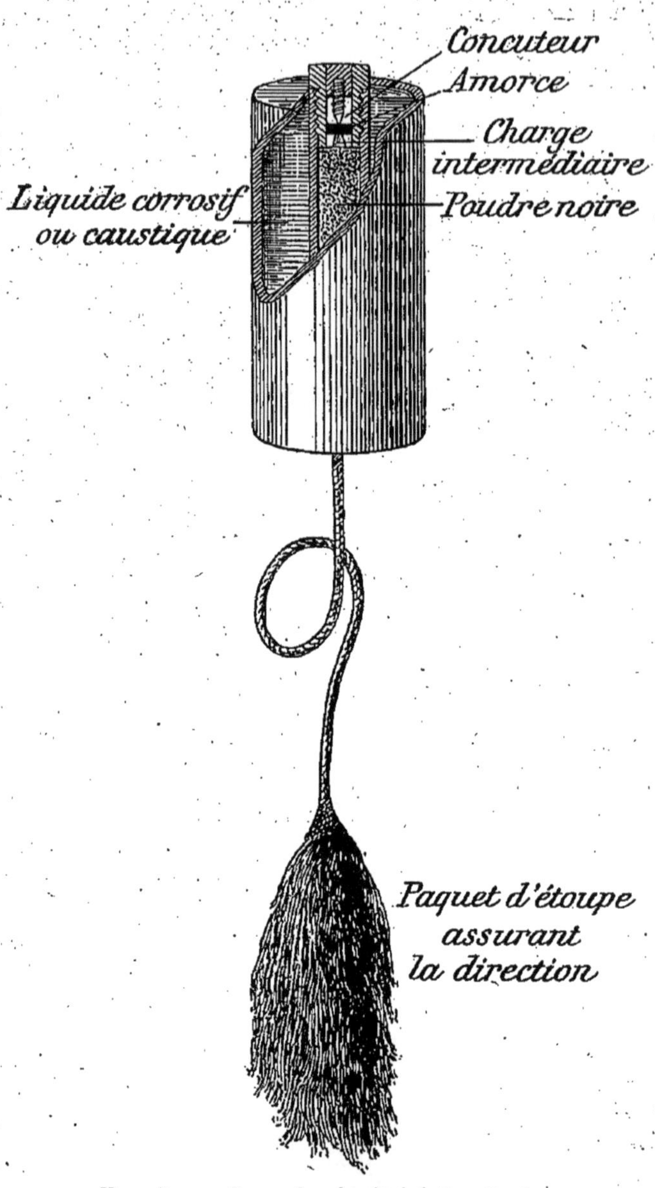

Fig. 5. — *Grenades à vitriol des Boches.*

Dans le liquide corrosif plonge un tube de verre rempli de poudre noire et muni d'un détonateur, formé d'un percuteur enflammant une amorce fulminante.

Les plus simples étaient faits d'une bouteille en verre emplie de vitriol ; lancée à la main, elle se brisait quand elle venait à toucher un des nôtres et l'inondait de son contenu. Mais nos ennemis n'ont pas tardé à s'apercevoir que c'était là une arme à peu près complètement inefficace.

Il en a été de même des grenades corrosives, formées d'un récipient en plomb contenant de l'acide sulfurique ou de la soude caustique dans lequel plongeait un tube muni d'un détonateur percutant et garni d'une quantité de poudre noire juste suffisante pour déchirer l'enveloppe et projeter le liquide en tous sens. Ces grenades ont causé, aux défenseurs de nos tranchées, quelques blessures douloureuses mais n'ont jamais provoqué de leur part, aucun émoi, ni, à plus forte raison, aucun recul. Aussi, les Boches ont-ils rapidement renoncé à s'en servir.

Bien entendu, nous n'avons jamais mis en service des appareils ou des projectiles destinés à vitrioler les soldats ennemis. C'eût été perdre notre temps, en raison des médiocres résultats qui peuvent être obtenus au moyen de ces engins éminemment déloyaux.

LE POISON

Incendiaires, assassins, vitrioleurs, les soldats de la vieille Germanie, se sont révélés, au cours de cette guerre, comme d'impitoyables bandits. Ils ont été plus loin encore dans la voie du crime, et n'ont pas hésité à recourir, en diverses circonstances, à l'arme par excellence des lâches : au poison.

*
* *

Obus au phosphore blanc.

Dès le temps de paix, les artilleurs allemands ont adopté pour le bourrage des balles contenues dans leurs shrapnells, le le phosphore blanc, substance très vénéneuse, tandis que, pour le même usage, les peuples civilisés adoptaient le soufre. Ils avaient, en effet, constaté qu'il reste toujours quelques parcelles de phosphore amorphe à la surface des projectiles secondaires dispersés par l'explosion d'un obus : d'ailleurs, ils prenaient soin de déchiqueter à l'avance les balles des shrapnells afin que la quantité du produit vénéneux entraîné par elles fût plus considérable. Le fait a été constaté sur notre front lorsque, notamment, après la bataille de la Marne, il fut possible d'analyser le contenu de quelques-uns des obus abandonnés par l'ennemi en fuite.

Ces projectiles au phosphore amorphe déterminent des plaies toujours graves, souvent compliquées de nécroses étendues, et les malheureux qu'ils atteignent sont exposés au danger d'un long empoisonnement. Nombre d'infortunés ont succombé dans nos ambulances et dans nos hôpitaux du territoire à des blessures aggravées d'une intoxication organique générale que le phosphore blanc avait provoquée.

*
* *

Souillure des puits et des sources.

Mais les Boches ne s'en tiennent pas là. Tout d'abord, leur État-major a, pour ainsi dire systématisé l'instinct de répugnante malpropreté qui caractérise leur race. Toutes les fois qu'une troupe allemande est contrainte de reculer en cédant un village envahi, des hommes de corvée vident « les feuillées » et jettent dans les puits leur contenu malodorant, ainsi que les débris des abattoirs, les déchets des cuisines, les immondices qu'une agglomération d'hommes laisse toujours derrière elle.

Cette tactique abjecte, qui a pour but d'arrêter les poursuites victorieuses en supprimant l'eau potable derrière l'armée qui bat en retraite, n'a pas tardé à être grandement perfectionnée. En maintes circonstances, il a été reconnu que des détachements spéciaux avaient pour mission de polluer non seulement les puits, mais le bétoire des sources, en y versant le contenu des fosses d'aisance établies à proximité des hôpitaux et des lazarets. En diverses localités, les points d'eau ont été infectés par des pansements souillés et par la paille sanieuse sur laquelle les blessés avaient séjourné.

D'autre part, toutes les fois que les Allemands occupent la partie amont d'une rivière ou d'un ruisseau, ils déversent systématiquement dans son lit les ordures, les purins et les matières fécales dont ils peuvent disposer. Ils espèrent évidemment que nous aurons l'imprudence de laisser nos chevaux et peut-être nos hommes boire l'eau ainsi contaminée, ce qui aurait, pour résultat certain de les exposer aux plus graves maladies.

* * *

Empoisonnement des points d'eau.

Toutefois, ce sont là des procédés trop peu meurtriers encore pour satisfaire pleinement nos ennemis. Pendant la bataille des Flandres, les unités allemandes que nos troupes obligeaient à reculer ont, à plusieurs reprises, versé des sels d'arsenic dans les puits, les sources ou les fontaines. Plus tard, elles ont employé d'autres produits plus dangereux, notamment des alcaloïdes végétaux et même des cultures microbiennes qui, en raison surtout de leur insipidité, doivent être considérés comme extrêmement redoutables.

Enfin, il est arrivé plusieurs fois que des aliments de toute nature abandonnés par l'ennemi dans des tranchées évacuées, ayant été consommés par nos troupes, ont causé des accidents sérieux, parfois même des accidents mortels.

*
* *

Nos laboratoires toxicologiques de campagne.

Des ordres sévères ont été aussitôt donnés pour que, jamais et sous aucun prétexte, les vivres trouvés dans les lignes ennemies ne soient utilisés avant d'avoir été examinés par des spécialistes. En même temps des laboratoires toxicologiques ont été organisés dans tous les secteurs pour examiner les eaux potables et tout un personnel de chimistes, — pour la plupart compétents, ou tout au moins diplômés, — a été chargé d'assurer leur fonctionnement régulier.

Des pharmaciens de l'armée ou de la réserve et des spécialistes habitués aux recherches de poisons, ont actuellement pour fonction d'examiner toutes les eaux situées dans les régions que l'ennemi a occupées et, grâce à la surveillance attentive qu'ils exercent, les empoisonneurs d'outre-Rhin sont désormais incapables de nuire à nos soldats.

LES GAZ ASPHYXIANTS

Le 22 avril 1915, dans les Flandres belges, les Boches, qui ne reculent devant aucune turpitude, ont commencé à faire usage de gaz asphyxiants pour préparer, contre les troupes britanniques et françaises, une attaque qui fit reculer momentanément le front des Alliés. Depuis, ils ont renouvelé, à plusieurs reprises, l'emploi de cette arme de combat que la Convention de La Haye réprouve formellement; mais il est consolant de constater qu'en maintes circonstances elle s'est retournée contre eux.

L'idée d'asphyxier l'ennemi est, du reste, ancienne. Polybe nous apprend qu'en 189 avant Jésus-Christ, le consul romain Fabius Nobilior, désespérant de vaincre la résistance des défenseurs d'Ambracie, en Étolie, fit creuser une galerie qui permit à ses soldats d'atteindre à couvert les murs de la forteresse. Les assiégés s'en aperçurent et pratiquèrent aussitôt une contre-mine, si bien que les hommes des deux armées se rencontrèrent un jour à la jonction de leurs sapes respectives et se battirent à six pieds sous terre. Bientôt, les deux partis en présence se retranchèrent au moyen de barricades improvisées, et l'issue de la lutte apparut à chacun d'eux incertaine. C'est alors que le chef des Ambraciens fit disposer dans sa mine un tonneau qui l'obstruait complètement : l'un des fonds, du côté des assiégeants, en était remplacé par un couvercle de fer percé de petits trous ; l'autre fond livrait seulement passage à un tuyau auquel était adapté un soufflet de forge. A l'intérieur du tonneau, il fit placer des petites plumes trempées dans de la poix et de la résine, qu'il alluma et dont la combustion était attisée par le vent du soufflet de forge.

Aussitôt une épaisse fumée âcre se dégagea et, poussée du côté des assaillants par le feu du soufflet, les força à laisser la place libre. Polybe affirme que ce stratagème prolongea longtemps la résistance d'Ambracie et rendit inutile la galerie du consul Fabius Nobilior.

Tive-Live rapporte, lui aussi, des faits

analogues où des fumées irrespirables furent mises en œuvre pour arrêter l'effort des assaillants et constituer devant eux un véritable rempart infranchissable.

Durant les guerres du moyen âge, la « fumée de soufre », celle de la paille mouillée ou des étoupes enduites de résine furent employées comme moyen d'attaque ou de défense.

Mais les peuples modernes ont considéré que ce sont là des armes traîtresses, et les nations civilisées se sont engagées à n'y jamais recourir. Les Boches cependant, qui nous font une guerre de sauvages, et qui n'hésitent jamais à violer leurs engagements les plus solennels, ont constitué tout un matériel d'asphyxie pour la mise sur pied duquel ils ont fait appel à la science de leurs chimistes.

A vrai dire, le problème à résoudre n'a rien de particulièrement difficile : que l'on forme, comme les Allemands l'ont fait au début, un barrage gazeux poussé vers l'ennemi par un vent soufflant de façon convenable, ou que l'on charge des projectiles explosifs, obus ou grenades, de substances dont la combustion libère des gaz irrespirables, il suffit, a priori, de quelques connaissances chimiques, pour lui trouver de nombreuses solutions : le tout est de fixer son choix, non pas seulement sur des produits dangereux, mais avant tout sur des produits susceptibles d'être fabriqués en grandes masses, transportés aisément aux points d'utilisation et manipulés sans difficultés pratiques trop considérables.

Dans cet ordre d'idées, tous les chimistes savent que leur attention doit se fixer d'abord sur les gaz qui se liquéfient à des températures relativement hautes, comme l'anhydride sulfureux, le chlore, le brôme, le bioxyde d'azote : ces gaz peuvent être transportés en tubes clos munis d'un robinet détendeur dont l'ouverture donne naissance à de grandes masses de fluides irritants et toxiques. Ceux-ci doivent être plus lourds que l'air, de façon à demeurer longtemps au ras du sol sans s'élever dans l'atmosphère et s'y perdre ; pour cette raison, l'oxyde de carbone, par exemple, est inemployable, parce que, moins dense que l'air, il se diffuse aussitôt qu'il est libéré. Enfin, le nuage formé doit avoir une couleur nette, pour que la troupe qui en fait usage soit toujours avertie de sa présence et ne coure pas le risque de pénétrer par mégarde dans la zone qu'il a envahie.

Il serait trop long d'entrer dans le détail des raisonnements et des recherches qui ont conduit les spécialistes à savoir très vite de quels produits les Allemands se sont servis. Il est à coup sûr plus intéressant de se borner à indiquer ce qu'est, à cet égard, leur opinion actuelle.

*
* *

Nuages suffocants.

Lors de leur attaque du 22 avril 1915, les Allemands ont profité d'un vent qui soufflait de leurs lignes vers les nôtres pour faire dégager un nuage lourd, opaque, s'élevant à quelques mètres seulement et qui, roulant pour ainsi dire sur le sol, vint envahir nos tranchées. Il y eut, chez nous, et chez nos alliés d'assez nombreux cas mortels, mais, surtout, et fort heureusement, un nombre beaucoup plus considérable de phénomènes asphyxiques, plus ou moins graves, dont la plupart guérirent après quelques jours d'un traitement approprié.

Les témoins oculaires et les survivants ont vu ce nuage sous des apparences très diverses : ils lui attribuent des couleurs variant du blanc jaunâtre au rouge verdâtre, en passant par toute la gamme des jaunes rougeâtres, des jaunes verdâtres et des verts rougeâtres ; en un mot, leurs témoignages sont absolument discordants. Il faut en conclure que nos ennemis ont eu recours à des produits différents, en divers points de leurs lignes.

Au moyen de feux allumés en avant de leurs tranchées, ou plutôt encore dans les tranchées de première ligne elles-mêmes, momentanément abandonnées, ils ont, en certains endroits, brûlé de la fleur de soufre, pour produire de l'anhydride sulfureux, et du trioxyméthylène, pour produire du formol gazeux. Les deux gaz ainsi libérés ont une odeur irritante aiguë ; de plus, le formol attaque violemment la conjonctive et provoque un larmoiement intense.

En d'autres endroits, ils ont ouvert des récipients contenant, soit du chlore liquide, soit du peroxyde d'azote ou de l'hypoazotide, soit du brôme, soit un mélange de chlore liquide et de brôme. Le chlore est verdâtre, le peroxyde d'azote et le brôme sont de couleur rouge ou rouge brunâtre.

Le professeur Leclercq, de l'Université de Lille, et le docteur Dujarric de la Rivière, qui ont soigné à Calais 112 soldats ayant subi l'action des gaz irritants employés par les Allemands à Langemark, se sont trouvés dans des conditions particulièrement favorables pour observer ces malades quelques heures à peine après l'intoxication. D'après eux, l'action des gaz irritants a déterminé des manifestations cliniques variées. Dans la majorité des cas, les phénomènes bronchiques ou pulmonaires ont dominé la scène ; mais l'atteinte hépatique ou rénale fut parfois au premier plan, et associée souvent à des phénomènes broncho-pulmonaires. Chez plusieurs des sujets en traitement, des phénomènes affectant l'appareil respiratoire ont été sans gravité réelle ; mais, chez quelques autres, l'atteinte a été profonde et il est survenu des broncho-pneumonies, des pneumonies massives et surtout des gangrènes pulmonaires.

C'est là tout le tableau des désordres consécutifs à une irritation profonde de l'appareil respiratoire par des vapeurs de chlore, de brôme et probablement aussi d'hypoazotide. En ce qui concerne ce dernier corps, il paraît difficile de ne pas croire à sa présence dans le nuage asphyxiant des Boches, d'abord en raison des cas de gangrène pulmonaire qui ont été constatés, mais surtout en raison de ce fait que certains soldats atteints présentaient une coloration de la peau en jaune rougeâtre, coloration qui ne saurait guère être expliquée autrement que par le contact des vapeurs rutilantes de l'acide hypoazoteux.

Quoi qu'il en soit, l'opinion des spécialistes a pu être fixée, à la suite de toute une série de constatations concordantes, et la composition du nuage asphyxiant précisée : ce nuage contenait principalement des vapeurs de chlore et de brôme, accessoirement des vapeurs d'hypoazotide, d'anhydryde sulfureux et de formol.

Il était, d'ailleurs, logique pour nos ennemis, de recourir à la fois au chlore et au brôme, qu'ils avaient à leur disposition, dès le temps de paix, en quantités importantes.

Le chlore est un sous-produit du traitement électrolytique du sel marin effectué en vue d'obtenir la soude. Cette industrie s'est développée en Allemagne, durant ces dernières années, à un tel point que « le problème du chlore », ou plutôt de son utilisation rénumératrice, s'est imposé avec une véritable acuité à l'attention des chimistes teutons. Ils l'ont résolu en développant, autant qu'il leur a été possible, les emplois des chlorures décolorants, qu'ils sont arrivés à exporter à très bas prix en vulgarisant les dissolvants chlorés des corps gras, notamment le tétrachlorure de carbone, et en donnant une extension toujours croissante à la vente du chlore liquide. Au moment de la déclaration de guerre, celui-ci était couramment livré au commerce au prix de 0 fr. 55 à 0 fr. 80 le kilogramme, logé en cylindres d'acier qu'il n'attaque pas à l'état sec et qui n'ont pas besoin d'être très résistants, en raison de ce fait que le chlore peut être liquéfié sans difficulté, et par la seule pression, à la température ordinaire. Les bas prix auxquels le chlore liquide était vendu en Allemagne s'expliquaient difficilement : on comprend aujourd'hui qu'ils étaient rendus possibles par les achats importants de l'armée et les débouchés considérables fournis par la préparation de la guerre.

Quant au brôme, c'est un sous-produit de l'industrie des sels de Stassfurt : les bromures et les iodures contenus dans les sels bruts s'accumulent dans les eaux-mères après l'extraction des sels destinés au commerce. Ils en sont extraits facilement par un barbotage de chlore liquide qui précipite d'abord l'iode ; les eaux-mères chargées de bromures sont alors chauffées méthodiquement par la vapeur d'eau, dans un appareil qui permet de recueillir du brôme et de récupérer tout le chlore non entré en réaction. C'est là une fabrication très économique et qui fut encouragée par le gouvernement allemand à tel point que les Boches avaient, depuis quelques années, fini par monopoliser presque la fourniture des bromures consommés en Europe. Il apparaît maintenant que cette fourniture masquait en quelque sorte la production du brôme, à peu près inutile dans la pratique pour tous les usages, sauf ceux d'une armée qui veut ignorer systématiquement les lois de la guerre.

En possession de quantités importantes de chlore et de brôme, les Allemands les ont employés, le plus souvent, en mélange (1) et d'une façon qu'il est curieux de connaître.

Il faut savoir, en effet, qu'après nous avoir contraints à reculer, les Allemands n'ont pas pu conserver leur avantage momentané : nous avons repris nos positions perdues et, dans plusieurs circonstances, pris sur eux un avantage qui nous a permis de conquérir certaines de leurs lignes, où nous avons trouvé en place toute leur installation meurtrière.

(1) Le brôme, liquide à la température ordinaire, est soluble en toute proportion dans le chlore liquide

Ils avaient transporté dans leurs tranchées des récipients cylindriques en acier, pesant, chargés, 65 kilogrammes, de 25 centimètres environ de diamètre et de

Fig. 6. — *L'appareil boche à gaz asphyxiants.*

Un récipient métallique solide contient du brôme, ou un mélange de brôme, d'acide sulfureux et d'hypoazotide, dans lequel arrive du chlore gazeux sous pression, libéré lui-même d'une bouteille de chlore liquide.

1 m. 25 de longueur, surmontés d'un tube métallique droit de 20 millimètres de diamètre et de 1 m. 80 de longueur, terminé à son extrémité libre par un ajutage coudé à angle droit. Un robinet-pointeau permettait de libérer le gaz ou les vapeurs contenues sous pression dans les réci-

pients. Ceux-ci étaient disposés verticalement dans leurs tranchées, contre le bord le plus rapproché de nos lignes, l'ajutage coudé dépassant de 10 centimètres environ le niveau de la masse couvrante. Il suffisait d'ouvrir le robinet-pointeau pour que le mélange de chlore et de vapeurs de brôme s'échappât et soit projeté à 3 ou 4 mètres. Le chlore pèse 2,50 fois, le brôme 5,50 fois, l'hypoazotide 3 fois, l'acide sulfureux 2,2 fois plus que l'air. Le mélange de vapeurs et de gaz, qu'il soit uniquement composé de chlore ou de brôme, ou qu'il soit plus complexe, reste donc au niveau du sol, ou s'avance lentement, si la déclivité du terrain l'incite à progresser.

D'une façon générale, les récipients à gaz sont disposés à des intervalles de 20 à 25 mètres, et par groupe de 3 ou 4, sur toute l'étendue du front qu'il s'agit de couvrir. Des usines établies à l'arrière permettent le remplissage des récipients vides ; les gaz liquéfiés y sont amenés des centres de production installés à une certaine distance de la zone des armées.

*
* *

Projectiles asphyxiants.

Une semblable disposition est évidemment très ingénieuse, — en théorie, tout au moins. Mais un beau jour, au moment où un nuage asphyxiant s'élevait en avant des tranchées ennemies, une brusque saute de vent survint, qui le poussa vers l'arrière et prit les Boches à leur propre piège (1). Ils apprirent ainsi à être plus prudents, à ne tendre leurs barrages de vapeurs délétères qu'aux jours et aux heures où le vent est favorable, mais surtout à se défier d'une arme souvent dangereuse pour ceux-là mêmes qui la manient.

Ils ont alors improvisé un moyen d'attaque nouveau et lancé à courte distance sur nos lignes des grenades formées d'un simple globe de verre ou de métal mince, renfermant des gaz liquéfiés ou des liquides dégageant des vapeurs aphyxiantes (brôme, acide azotique fumant, formol, etc., etc.). Ce mode d'attaque ne semble par leur avoir donné des résultats bien satisfaisants,

(1) L'effet nocif des gaz asphyxiants se fait sentir à 2 kilomètres en arrière de nos tranchées de première ligne et leur odeur est perçue jusqu'à 5 kilomètres du point où ils sont libérés.

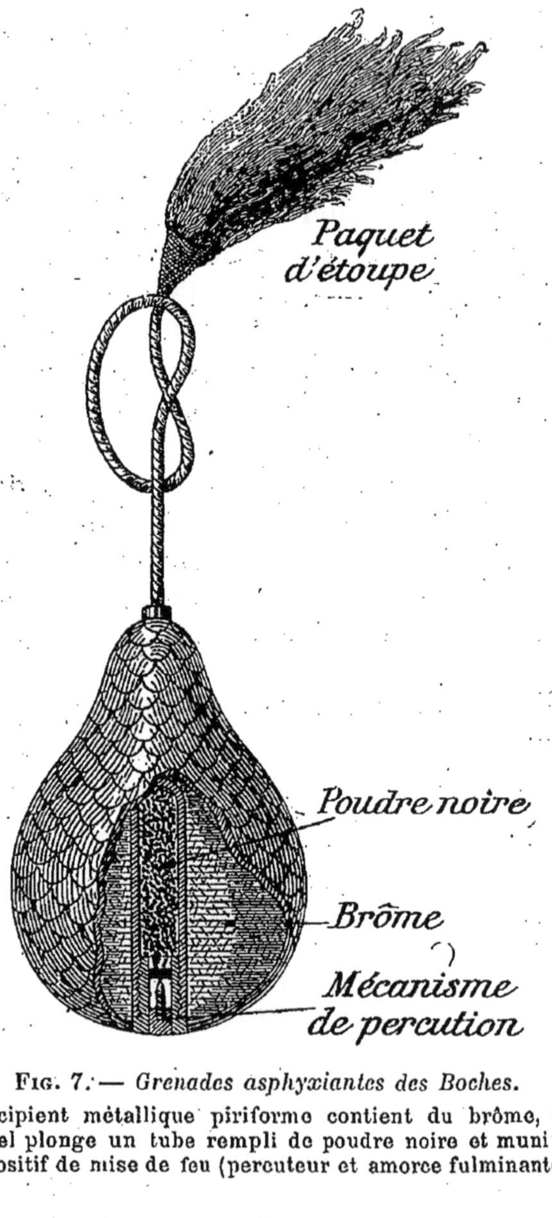

Fig. 7. — *Grenades asphyxiantes des Boches.*

Un récipient métallique piriforme contient du brôme, dans lequel plonge un tube rempli de poudre noire et muni d'un dispositif de mise de feu (percuteur et amorce fulminante).

puisque, après quelques essais, ils ont renoncé à s'en servir.

Il en a été de même jusqu'ici des bombes asphyxiantes envoyées à diverses reprises dans nos tranchées par des mortiers ou des lanceurs de mines; munies d'une fusée percutante et chargées d'une quantité de poudre suffisante pour les faire éclater en tombant, elles libéraient des produits analogues à ceux que contenaient les grenades à main. Mais, ces projectiles n'ont pas tardé à laisser « nos poilus » parfaitement indifférents. Les précautions prescrites par le Commandement, sur le conseil des spécialistes consultés, ont suffi à les mettre à l'abri du danger.

Aussi, nos ennemis se sont-ils, pendant plusieurs mois, occupés de perfectionner leurs premiers essais et, pendant tout l'hiver et tout le printemps de 1915, ils s'en sont tenus à leurs nuages de chlore, de brôme et d'acide hypoazoteux qui du reste, après les surprises du début, ne leur ont plus assuré sur nous que des avantages tout à fait momentamés.

Les données expérimentales fournies par les physiologistes apprennent que l'air contenant 1 p. 1.000 de chlore est mortel, et que, s'il renferme 1 pour 10.000 de chlore, il est irrespirable. Mais ces données toutes théoriques, ne sont pas confirmées par les événements de guerre. Il faut, en effet, pour qu'elles soient exactes, tout un ensemble de circonstances favorables qui sont rarement réunies. Le vent doit être faible afin de ne pas dissiper trop vite le nuage ; il doit souffler, bien entendu, dans la direction des tranchées adverses et ne pas avoir de saute, tant que le barrage asphyxiant demeure tendu ; enfin, l'air doit être assez sec, le chlore, le brôme et les vapeurs nitreuses étant solubles dans l'eau.

Toutes ces conditions étant réunies, il est aisé de calculer que, pour lancer, avec un vent de 100 mètres à la seconde, un nuage de 2 mètres de hauteur où l'air contienne 1/100 de vapeurs toxiques, il faut libérer, par mètre de front et par seconde, 200 litres de chlore gazeux à la pression ordinaire. On voit par ces chiffres qu'il est parfaitement impossible de concevoir le lancement sur notre front entier d'un nuage suffisant pour déterminer, de notre part, un recul général. Tout ce que les Boches ont pu faire, ce fut, dans leurs attaques, de produire un nuage qui persista pendant 4 heures, atteignit 7 mètres environ de hauteur, et s'étendit en longueur

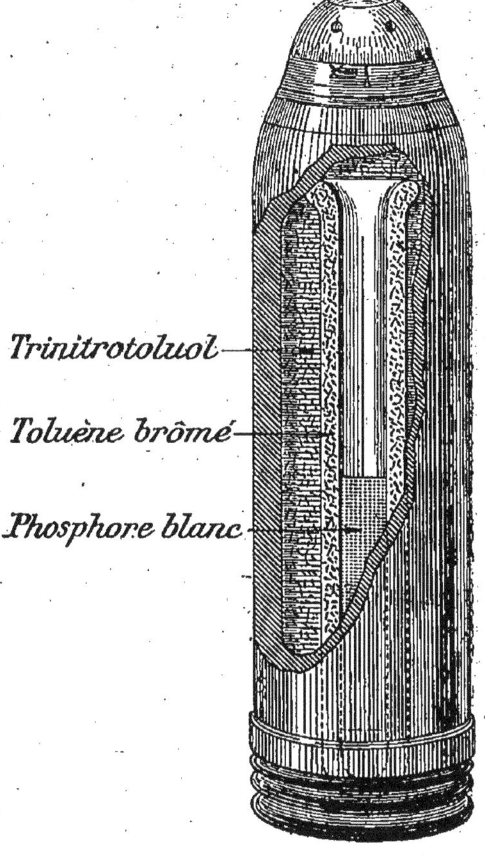

FIG. 8. — *Les obus asphyxiants des Boches.*

Ils sont chargés de trinitrotoluol et contiennent un tube d'étain recourbé en U qui est rempli de toluène bromé. Entre les branches de ce tube est fait un bourrage de phosphore blanc, produit toxique qui envenime gravement les moindres blessures.

sur 8 kilomètres : pour cela, ils ont dû

se résoudre à une dépense énorme de produits difficilement transportables en bouteilles d'acier pesant chacune de 15, 60 à 65 kilogrammes.

Au commencement de l'été 1915, l'artillerie allemande lança sur nos lignes un certain nombre d'obus dont l'explosion dégageait des vapeurs ou des gaz suffocants. Par ce moyen, ils nous contraignirent à évacuer quelques éléments de tranchées dans lesquels ils s'installèrent, mais que, dès le lendemain, nous leur avons repris. Des fragments de leurs projectiles et quelques obus non éclatés furent examinés sans retard par les chimistes attachés à la Commission technique du Génie et par le Laboratoire central des Poudres. Les observations faites furent concordantes et révélèrent que nos ennemis se servaient, pour charger ces projectiles spéciaux, de trinitrotoluol et de toluènes brômés, plus ou moins mélangés à des divers composés organiques également dérivés du brôme. Dès lors, rien n'a été plus facile que prendre les mesures de préservation qui s'imposaient, et à l'heure actuelle, les obus suffocants des Boches... ne suffoquent plus personne.

NOTRE DÉFENSE CONTRE L'ASPHYXIE

Il serait puéril de nier le danger que de semblables procédés de combat font courir à une troupe surprise et dépourvue de moyens de défense. Mais, très heureusement, tel n'est pas le cas des nôtres.

Au lendemain du jour où les Boches employèrent pour la première fois des gaz asphyxiants, on se préoccupa, chez nous et en Angleterre, de soustraire à leurs atteintes les défenseurs du front. Il fallut exactement quarante-huit heures pour découvrir au problème posé, non pas une, mais plusieurs solutions de tous points satisfaisantes.

Si, au moment où le nuage s'avance en roulant pour ainsi dire sur le sol, poussé par un vent favorable et de vitesse modérée, on répand de l'ammoniaque en avant de lui, les vapeurs dégagées réagissent vivement sur le chlore et donnent de l'azote accompagné de chlorhydrate d'ammoniaque. Il se forme un nuage blanc, opaque, rapidement dissipé du reste, qui provoque la toux, mais est relativement peu toxique. Cette solution, toutefois, est sans intérêt quand les gaz asphyxiants sont un mélange de chlore, de brôme et d'oxyde d'azote.

Si on lance sur le nuage asphyxiant des pétards chargés de poudre noire, la déflagration de cette poudre le dilacère pour ainsi dire, tandis que les gaz dégagés par elle le diluent mécaniquement ; en même temps, tous ces gaz entrent en réaction avec le chlore et le brôme pour former des sels neutres, chlorures ou bromures de potassium, qui en diminuent considérablement l'effet toxique.

D'une façon générale, d'ailleurs, on comprend qu'il est possible et même relativement facile de dresser la liste complète de tous les gaz et de toutes les vapeurs qui peuvent être employés, soit seuls, soit en mélange, pour former des nuages asphyxiants ; il n'est ni moins possible, ni moins facile d'inscrire en face de chacun d'eux le nom du ou des produits qui sont en quelque sorte son antidote. C'est dire que la lutte contre les gaz suffocants n'a rien d'irréalisable.

*
* *

Masques respiratoires.

Dans la pratique, le mieux paraît être d'imiter simplement les Allemands qui

Fig. 9. — *Le masque respiratoire des Boches.*

Il a la forme d'un casque muni d'une véritable muselière. L'esthétique toute spéciale des champions de la Kultur s'accommode à merveille de voir la tête des soldats qui en sont revêtus présenter la silhouette bien connue d'un groin de porc d'où le nom de Schweinkopf (tête de porc) que « nos Poilus » donnent aux Boches ainsi accoutrés.

donnent aux pionniers chargés de leur service d'asphyxie des masques respiratoires, essentiellement constitués par une plaque de coton imprégné d'une solution d'hyposulfite de sodium. Au contact de ce sel neutre, et non caustique, le chlore donne du chlorure et du tétrathionate de sodium, c'est-à-dire des produits sans danger.

Si le chlore est en excès, il se forme de l'acide chlorhydrique, gaz qui jouit, il est

Fig. 10. — *Le masque respiratoire des Anglais.*

Une plaque de coton imbibée de liquide préservateur est maintenue en place par deux boucles élastiques s'attachant aux oreilles.

vrai, de propriétés irritantes pour les bronches, mais qui est très soluble dans l'eau ; par suite, il se dilue dans la solution aqueuse d'hyposulfite que contient le tampon d'ouate et perd ainsi toute nocivité. Du reste, il suffit d'ajouter à la solution d'hyposulfite sodique un peu de carbonate de soude, pour neutraliser et fixer l'acide chlorhydrique au fur et à mesure de sa production.

Le mécanisme des réactions qui ont lieu au cours de la filtration des gaz toxiques à travers le coton imbibé d'hyposul-

Fig. 11. — *Le masque respiratoire des Belges.*
Il se fixe sur la bouche et le nez au moyen d'une double attache élastique.

fite de sodium est, au demeurant, assez complexe, et ce n'est certainement pas le lieu de l'exposer ici. Les précisions d'ordre purement chimique ne sauraient intéresser que des spécialistes.

Il est préférable de se borner à dire qu'à l'heure actuelle, les diverses armes belligérantes ont donné à leurs soldats des masques plus ou moins imités de celui des Boches. Les Anglais et les Belges ont adopté la simple plaque de coton placée entre

Fig. 12. — *Le masque respiratoire des Italiens.*
De dimensions plus grandes que celui des Anglais, il emboîte la moitié inférieure de la face et le menton.

deux pièces de flanelle lâche et fixée derrière la tête par des courroies ; elle est imbibée de carbonate et d'hypobromite de soude, en solution aqueuse.

Les troupes italiennes ont également un masque de coton doublé de toile qui est fixé à la face, devant la bouche et les na-

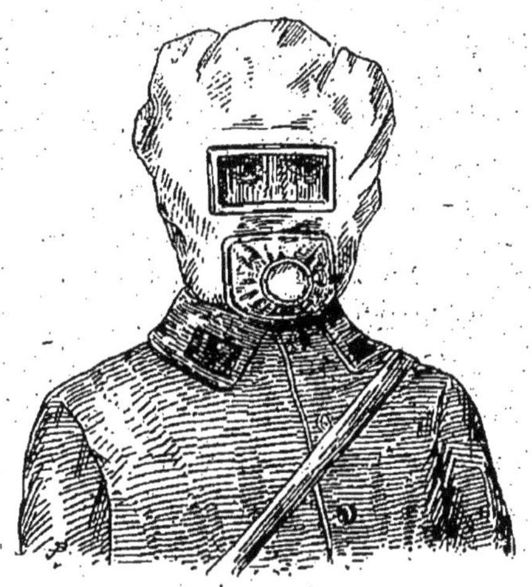

FIG. 13. — *Les masques respiratoires de « nos poilus ».*
Ils les préservent absolument de toute atteinte des gaz asphyxiants.

rines, par une bande élastique : le liquide qui l'imbibe est un mélange de 120 grammes de carbonate de soude cristallisé et 110 grammes de carbonate de potasse, dissous dans 225 grammes d'eau.

En France et en Russie, l'appareil respiratoire donné aux soldats les préserve *absolument* de toute atteinte des gaz asphyxiants. Il consiste en une cagoule que l'on place sur la tête par-dessus le képi, qui descend plus bas que le cou et vient s'insérer, en s'y fixant, sous le col de la veste : une plaque de mica est disposée à la hauteur des yeux qu'elle protège. Cette cagoule est trempée, avant usage, dans une solution neutralisante composée, en proportions définies (1), d'hyposulfite de sodium, de glycérine et de carbonate de soude qui agit à la fois sur le chlore et le brôme, en même temps que sur les vapeurs nitreuses et sur l'acide chlorhydrique produit par la réaction de l'hyposulfite. Du reste, un simple linge mouillé d'eau pure, placé devant la bouche et les fosses nasales constitue une protection efficace con-

(1) Les proportions adoptées sont les suivantes : hyposulfite de sodium, 1000 grammes ; carbonate de soude, 200 grammes ; glycérine neutre, 150 grammes ; eau, 800 grammes. La glycérine a pour but et pour utilité de maintenir le tampon d'ouate dans un état d'humidité convenable.

tre les gaz asphyxiants, en raison de ce fait que l'eau les dissout et les fixe.

La protection est beaucoup plus efficace encore, si le linge est mouillé non pas d'eau mais d'urine ; ce liquide physiolo-

FIG. 14. — *Masque respiratoire improvisé.*
Un simple mouchoir trempé d'eau ou d'urine est appliqué sur la bouche ou le nez.

gique contient en effet, de l'urée qui, en sa qualité de corps réducteur, réagit avec le chlore, le brôme et les vapeurs nitreuses, dont les propriétés oxydantes sont énergiques. Aussi est-ce avec raison que, dans certains secteurs, on a employé l'urine tant que l'Intendance n'a pas fourni les cagoules respiratoires actuelles. Le moyen était malpropre mais efficace et, à coup sûr, il a sauvé de nombreuses vies humaines.

En somme, il est très rassurant de savoir que, désormais, « nos poilus » n'ont plus rien à craindre des gaz asphyxiants lancés sur eux par les Allemands.

*
* *

Simple Parenthèse.

Il est amusant de noter en passant, qu'un journal, d'ordinaire informé de façon plus heureuse, a proposé très sérieusement de disposer dans nos lignes des ventilateurs qui repousseraient les nuages asphyxiants.

Si un nuage de 2 mètres de haut, et de 100 mètres de profondeur est étendu sur un front de 1 kilomètre, il aura un volume de $2 \times 100 \times 1000 = 200.000$ mètres cubes. Si on attribue à ce nuage une masse de 3 kilogrammes environ par mètre cube, ce qui est à peu près le cas d'un mélange de chlore et de brôme, pour le lancer à une vitesse de 5 mètres à la seconde, ce qui correspond tout au plus à la vitesse d'une bonne brise, il faudra développer une puissance qui, d'après la formule

$\frac{1}{2}mv^2$,sera de : $\frac{1}{2} \times 3 \times 200.000 \times 25 =$ 7.500.000 kilogrammètres.

Mais cette puissance développée sera elle-même insuffisante, en raison de la masse d'air située en arrière du nuage et qui devra être également refoulée, en raison aussi de la vitesse propre du vent par lequel le nuage est propulsé. Il faut donc, au bas mot, tripler le nombre calculé et, par conséquent, disposer, pour actionner les ventilateurs, d'une puissance d'environ 22.500.000 kilogrammètres par kilomètre de front à protéger.

Ce calcul simple se passe de commentaires.

*
* *

La Commission française des gaz asphyxiants.

Il faut être résolument optimiste et dire que, le jour où le Commandement le voudra, nous serons en mesure de rendre aux Boches coup sur coup.

C'est ce qui a été affirmé à la tribune de la Chambre par M. Millerand, ministre de la Guerre.

Celui-ci a fait preuve d'une très louable

initiative en créant l'E. C. M. C. G. (Établissement central du matériel chimique de guerre) qui s'occupe officiellement des projections de liquides enflammés et de gaz suffocants. A cet organisme nouveau, est rattachée la Commission des gaz asphyxiants, qui compte parmi ses membres des hommes extrêmement savants, d'autres qui le sont beaucoup moins.

Cette Commission a eu des réunions fréquentes et, comme toutes ses pareilles, a commencé à perdre en stériles discussions beaucoup de temps précieux qu'il eût mieux valu employer à agir. Néanmoins, elle a fini par procéder à des expériences qui sont intéressantes à divers points de vue.

Nul doute qu'elle ne doive arriver — le jour où les chimistes vraiment compétents lui seront adjoints — à doter notre armée du matériel, des produits et des méthodes qui lui permettront de prouver aux Allemands notre volonté bien arrêtée de les suivre sur tous les terrains où ils porteront la guerre.

Nous leur montrerons ainsi que, parfois, le mot « représailles » a un sens précis dans la langue militaire française.

TABLE DES MATIÈRES.

4073.—Tours, imprimerie spéciale de la Librairie BLOUD et GAY

www.ingramcontent.com/pod-product-compliance
Ingram Content Group UK Ltd.
Pitfield, Milton Keynes, MK11 3LW, UK
UKHW020113240726
13926UKWH00011B/949

9 782014 462241